KOCHCHAOS & HORMONKÜCHE: WITZIGE REZEPTE FÜR PUBERTÄRE NACHWUCHSKÖCHE!

von *Lilly Nitzsche*

© 2024 Lilly Ulrike Nitzsche

Verlag: BoD · Books on Demand GmbH,
In de Tarpen 42, 22848 Norderstedt
Druck: Libri Plureos GmbH,
Friedensallee 273, 22763 Hamburg
ISBN: 978-3-7693-1697-1

NA, WORAUF HAST DU BOCK?
Diese Gerichte indest Du in meinem Buch.

01 HOT - DOG PIZZA

Du kannst auch alles andere verwenden. Ob Salami, Schinken, Ananas....hier kannst du alles nutzen was der Kühlschrank hergibt.

02 J GERSCHNITZELBURGER

Das Jägerschnitzel passt auch perfekt zu meinen Nudeln mit Tomatensauce. Blätter einfach weiter, das Rezept kommt auch noch.

03 H HNCHENFILET IN PFIRSICHSAUCE

Wenn ich meiner Mama eine Freude machen möchte, koche ich es ihr. Es ist das Lieblingsessen von ihr.

04 5 MINUTEN TERRINE

Okay, nicht lachen....aber es ist doch fast wie kochen. In meiner Null - Bock- Phase muss es auch mal richtig schnell gehen. Also Wasserkocher an!

05 NUDELN MIT TOMATENSAUCE

Yeahhhhh.....hier hast du doch schon drauf gewartet. Das Lieblingsessen fast eines jeden, richtig? Ist nicht kompliziert. Probiere es aus.

06 GL HWEIN - MARMELADE

Okay, okay....Von Alkohol sollten wir die Finger lassen....aber manchmal braucht man eine Bestechung für die Erwachsenen. Gibt gutes Taschengeld.

07 PUTEN BROKKOLI NUDELN

Mit diesem Gericht habe ich angefangen zu kochen. Mein Bruder isst es täglich....wirklich! Und er hat es mir beigebracht. Danke Moritz!

NA, WORAUF HAST DU BOCK?
Diese Gerichte indest Du in meinem Buch.

08   D NER - T RKISCHE PIZZA

Hast du einen coolen Dönerladen um die Ecke? Na dann los! Aber probiere doch mal eine Türkische Pizza mit Nuggets. Sau lecker.

09   S SSKARTOFFELSUPPE

Ein Gericht was ich mir ständig machen könnte. Stehe derzeit voll auf Suppen. Wärmt besonders gut an kalten Tagen.

10   QUARKSPEISE

Wieder so ein Ding von meinem Bruder. Erst dachte ich wie eklig, aber probiert es aus. Ich habe meine Meinung auch geändert. Kann man auch gut mit zur Schule nehmen.

11   KARTOFFEL - OFENGEM SE MIT FETA

Wenn ich viel lernen muss, darf es in der Küche nicht lange dauern. Dann soll der Ofen kochen. Einfach alles zusammenschmeißen, warten, fertig!

12   STULLE MIT EI + AVOCADO

Wie einfach tolle Rezepte doch sein können. Und sehen dann auf dem Teller auch noch Mega aus. Was will man mehr.

13   BL TTERTEIG SCHNECKEN

Die mache ich gerne wenn ich irgendwo eingeladen bin. Dann bin ich der Star. Was denkst du wie schnell die dann weg sind. Sooooo lecker.

14   CHILI CON CARNE WRAP

In Rostock war ich mal beim Mexikaner und fand es sooo lecker. Hab es einfach mal probiert und zack ist es in meinem 1. Kochbuch.

NA, WORAUF HAST DU BOCK?
Diese Gerichte indest Du in meinem Buch.

15 — 5MIN VOLLKORNBROT

Nicht lachen das ich ein eigenes Brot backe. Oma und Opa haben ja eine eigene Bäckerei....aber sehen wir es mal so. Der Apfel fällt nicht weit vom Stamm.

16 — CREPES MIT NUTELLA

Süss muss es ab und zu auch mal sein. Am liebsten Nutella und Kinderriegel. Also warum nicht gleich was leckeres draus machen. Und ich liebe die auf Weihnachtsmärkten.

17 — PIZZA - TOAST MUFFINS

Etwas für wirklich faule und launische Teenager. Auch wieder alles nur zusammen manschen und was tolles kommt dabei heraus.

18 — FLAMMKUCHEN BAGUETTE

Achtung, wenn es aus dem Ofen kommt kann man sich leicht verbrennen. Aber was soll ich sagen, das könnte es echt öfter geben. Mögen auch die Erwachsenen.

19 — PORRIDGE

Das dauerte etwas bis ich mich daran getraut habe. Sieht zumindest nicht appetitlich aus. Aber es schmeckt und macht lange satt. Mal was schönes für die Schul - Frühstückspause.

20 — BL TTERTEIG PUDDINGTASCHEN

Überrasche deine Eltern oder Großeltern mal auf nen Sonntag zum Kaffee mit diesen PUDDINGTASCHEN. Danach verhandelst du dein Taschengeld.

21 — HOT DOG

Jetzt gibt es zum Abschluss aber nicht meinen Hund. Spaß muss sein. Mindestens genau so gut wie bei Ikea.

NIX DABEI? Dann such dir die Nummer vom nächsten **LIEFERDIENST!**

LASST UNS BEGINNEN!

"Von Buntstiften zum Lipgloss über Nacht"

HOT - DOG PIZZA

Im O en 15min   Fertig in 20min   Da bekommst
einige mit satt.

ZUTATENLISTE

- 1 Rolle Tiefkühlpizza
- Ketchup
- Sauce Hollondaise
- 2 Packungen Würstchen
- 1 Packung Streukäse
- 1 Glas Gewürzgurken
- Röstzwiebeln

WIE WIRD ES GEMACHT?

1.Nimm die Pizzarolle und leg sie auf dein Ofengitter und mit Ketchup & Sauce Hollondaise beschmieren.

2.Heize den Backofen schon mal vor.

3.Schneide die Würstchen klein und dann ab auf die Pizza.

4.Jetzt kommen noch die Gürkchen drauf

5.Die Röstzwiebeln dürfen nicht fehlen.

6.Und das Beste kommt zum Schluss....der Kääääääse. Mach soviel drauf wie du willst.

Ist egal, hauptsache mit sehr viel Käse!

J GERSCHNITZEL BURGER

Deine Arbeitszeit 10min

Fertig in 20min

4 Burger

ZUTATEN

- 1 Packung Burger Brötchen
- 1 Packung Jägerschnitzel
- Burgersauce (Knorr Karibik)
- Gurken aus dem Glas
- Röstzwiebeln
- Toastkäse Scheiben
- 1 Salatkopf

WIE WIRD ES GEMACHT?

1. Schneide die Burgerbrötchen auf. 2.Einen Klecks Soße auf das Brötchen machen. 3.In einer Pfanne brätst du die 4 Jägerschnitzel

kurz 2-3min pro Seite an.

4.Währenddessen legst du ein Salatblatt auf das Brötchen.

5.Jetzt die Jägerschnitzelscheibe.

6.Nun eine Scheibe Sandwichkäse.

7.Wieder einen Klecks Soße und die Gurken aus dem Glas, sowie die Röstzwiebeln.

8.Deckel vom Brötchen obendrauf . FERTIG!

Hähnchen Filet in P irsichsauce

Lieblingsessen meiner Mama

Fertig in 25min

Kochzeit 20min

Für eine Familie

ZUTATEN

- 800g Hähnchenfilet
- 1 Dose Pfirsiche
- 1 Packung Kräuter-Frischkäse
- Gemüsebrühe Pulver
- Reis im Kochbeutel
- Salz, Pfeffer, Öl zum anbraten
- 250ml Milch

DA WERDEN DEINE ELTERN STAUNEN

Wenn du das kochst gibt es sicher extra Taschengeld!

1.Nimm dir einen Wok und brate das Fleisch mit etwas Öl an und würze mit Salz, Pfeffer und einem TL Gemüsebrühe Pulver. 2.Währenddessen nimm die Pfirsiche und püriere sie. 3.Jetzt kochst du den Beutelreis in einem anderen Topf

nach Anleitung.

4.Wenn das Fleisch durchgebraten ist gibst du die Pfirsichsauce dazu.

5.250ml Milch kommt auch noch dazu.

6.Jetzt die Packung Kräuter Frischkäse. Alles schön cremig verrühren.

7.Nun alles schön anrichten. Lasst es Euch schmecken!

F NF MINUTENTERRINE

WASSERKOCHER   FERTIG IN 5 MIN   NUR F R DICH

WAS DU ALLES BRAUCHST

- 1 oder 2 Terrinen nach Wahl
- 1 Wasserkocher
- 1 Löffel zum umrühren

HEUTE WIRD ES RICHTIG SCHWIERIG. BIST DU BEREIT?

1. Heute musst du ein richtiger Profi sein.
2. Such dir 1 oder auch 2 Terrinen aus die du gerne essen möchtest. Manchmal haben wir ja Hunger wie Bären.
3. Setz den Wasserkocher auf und warte bis er fertig ist.
4. Jetzt musst du das Wasser bis zur geriffelten Linie auffüllen.
5. Nur noch 5 Minuten abwarten und zwischendurch umrühren.
6. Das Menü ist angerichtet. Lass es dir schmecken!

MEIN TIPP:
Für 4 Pfandflaschen bekommst du eine Terrine.

NUDELN MIT TOMATENSAUCE

Fertig in 30min

Deine Arbeit 10min

4 Personen

LASS UNS LOSLEGEN!

1.Schnapp dir einen großen Topf und fülle ihn mit 1,5L Wasser und 2 TL Salz und warte bis das Wasser kocht.

2.Tüte Nudeln auf und rein ins heiße Wasser!

3.Jetzt schnibbelst du die Würstchen klein.

4.In einem Wok oder einer Pfanne die Würstchenstücke schön anbraten.

5.Aufgepasst! Die Zwiebel muss geschnitten werden. Bekommst du hin ohne zu heulen, versprochen! Einfach ein Schluck Wasser in den Mund nehmen und nicht runter schlucken.....los geht es...schön klein schneiden. Dann einfach zu den Würstchen. 6.Beide Flaschen Ketchup über die Würstchen und Zwiebeln. Dann machst du die eine Flasche voll mit Wasser und kippst sie dazu. Umrühren!

7.Becher Sahne zum Schluss auch dazu.

8.Nudeln abgießen und fertig ist es schon.

EINKAUFSLISTE

- 500g Nudeln
- 4 Packungen Würstchen
- 1 Zwiebel
- 2 Flaschen Ketchup
- 1 Becher Sahne
- Salz, Pfeffer
- Öl oder Butter zum anbraten
- 1 Topf ca. 1,5L Wasser

Schmeckt auch mit Käse obendrau .

GL HWEIN MARMELADE

Fertig in 30min

Kochzeit 20min

Für alle

Den Glühwein lass dir von deinen Eltern kaufen, du brauchst ja nur einen Schluck, den Rest können die dann trinken. Freuen sie sich ganz sicher ! Und durch das kochen enthält die Marmelade keinen Alkohol mehr.....Ein MEGA Geschenk für Weihnachten.

ZUTATEN

- 2 Gläser Sauerkirschen
- 500g Gelierzucker 2:1
- 15g Zitronensaft
- 250g Glühwein
- 1 TL Zimt
- leere
- Marmeladengläser

DAS SCHAFFST DU - LEG LOS!

1. Die 2 Kirschgläser durch ein Sieb vom Saft trennen
2. Die Kirschen und 125g vom Saft in einen großen Topf schütten
3. Den Rest der Zutaten einfach kurz und knapp auch mit rein.
4. Jetzt 18min das ganze schön aufkochen lassen
5. So wie du es am liebsten magst kannst du es noch pürieren oder so lassen.
6. In Marmeladengläser füllen

Wenn du jetzt ein Toast oder ein Brötchen liegen hast, dippe einfach mal in die heiße Marmelade.....Sau lecker, oder?

Puten - Brokkoli Nudeln

Fertig in 20min

Kochzeit 15min

2 Portionen

SO EINFACH GEHT´S

- Topf mit 1 Liter Wasser und 1 TL Salz zum kochen bringen, dann die Nudeln in das heiße Wasser. 13min kochen lassen den Brokkoli
- 5min später ins Nudelwasser hinzugeben In einem Wok oder Pfanne das Putenfleisch mit
- etwas Öl anbraten Nudeln & Brokkoli wenn sie fertig sind abgießen und zurück in den Topf das Fleisch mischt du jetzt zu den Nudeln und dem
- Brokkoli dann kommt der Becher Sahne und das Glas Calabrese Pesto dazu. einmal kurz
- aufkochen lassen und umrühren du kannst gleich aus dem Topf essen, so sparrst du dir
- den nervigen Abwasch. lass es dir schmecken!

ZUTATEN

- halbe Packung Nudeln
- halbe Packung Tiefkühl - Brokkoli
- 1 Becher Sahne
- 500g Putenfleisch
- 1 Glas Calabrese Pesto
- Salz, Pfeffer
- Öl zum anbraten

Tipps:

Du magst keinen **Brokkoli**?
Nicht schlimm!
Nimm **Blumenkohl**, **Pilze** oder **Paprika**....alles geht.
Mit dem Fleisch kannst du auch variieren.

MEIN MOTTO

"In der Pubertät mag es scheinen, als ob jeder einem Steine in den Weg legt und alles besser weiß. Doch lass dich nicht entmutigen. Nimm Ratschläge an und baue daraus deine eigene Lebensleiter. Jeder Schritt nach oben bringt dich näher zu deinen Träumen und Zielen. Vertraue auf dich selbst und bleibe standhaft, denn am Ende wirst du stärker und weiser sein. Die Pubertät ist nur eine Etappe auf dem Weg zu einem erfüllten Leben."
Ich hoffe, diese Lebensweisheit gibt dir etwas Inspiration und ermutigt dich, die Herausforderungen der Pubertät anzunehmen und daran zu wachsen. Denke immer daran, dass du einzigartig bist und dein eigenes Leben gestalten kannst.
Viel Erfolg auf deiner Reise!

UND

WENN ES MAL GANZ SCHNELL GEHEN SOLL,
D NER GEHT IMMER!

Ich empfehle Türkische Pizza mit Nuggets

S SSKARTOFFELSUPPE

Du schnibbelst 10min

Fertig in 30min

Großer Top voll

ZUTATENLISTE

- 1 große Süßkartoffel
- 10 große Kartoffeln
- 500ml Milch
- 1 große Zwiebel
- 1 Stange Lauchzwiebel
- 500g Hackfleisch

- 2 mal Kräuter Schmelzkäse
- Salz & Pfeffer
- 2 TL Gemüsebrühepulver

HEUTE WERDEN WIR ZUM SUPPENKASPER

1. Zuerst musst du alle Kartoffeln schälen. (Süßkartoffel + normale Kartoffeln) Dann kochst du diese in einem großen Topf gar.
2. Jetzt schneidest du deine Zwiebel schön klein und brätst diese in einer Pfanne an.
3. Das Hackfleisch dazu geben und braten bis es fertig ist. Mit Salz & Pfeffer würzen.
4. Wenn die Kartoffeln fertig sind, kippst du das Kartoffelwasser ab und fängst es aber auf. Das brauchen wir gleich noch.
5. Die Kartoffeln werden jetzt mit den 500ml Milch und 200ml des Wassers püriert. So entsteht Kartoffelpüree. Kannst du dir merken, das ist auch als Beilge mal lecker. 6.Nun noch 2 TL Gemüsebrühepulver und den Schmelzkäse dazu geben und gut vermixen. Wenn es zu fest ist gibst du einfach noch Kartoffelwasser dazu.
7. Jetzt das Hackfleich dazu geben und zur Dekoration etwas Lauchzwiebel.

QUARKSPEISE

EINKAUFSHILFE

500g Magerquark

2 TL Zucker

100ml Milch

1 TL Zitronensaft

1 Dose Cocktailfrüchte

Knuspermüsli zur Dekoration

-

DANN PACKEN WIR ES AN!

1. 500g Magerquark mit Zucker & Milch verrühren
2. 1 TL Zitronensaft nach Belieben
3. In eine Schale füllen und mit den Cocktailfrüchten garnieren.
4. Wenn du Toppings magst nimm doch einfach noch etwas Knuspermüsli oder Früchtemüsli dazu.
5. Ich liebe es im Sommer mit Erdbeeren aus dem Garten.

MEIN TIPP AN DICH:

Wenn du dir noch was besonderes einfallen lassen magst, nimm eine Tafel weiße Schokolade und schmelze Sie. Gib diese dann zu deinem Quark dazu.

KARTOFFEL OFENGEMÜSE MIT FETAKÄSE

Im Ofen 45min   Deine Hilfe 20min   nur für Dich!

EINKAUFSZETTEL

- 4 große Kartoffeln / Süßkartoffel
- 1 rote Paprika
- 1 gelbe Paprika
- 5 Cherrytomaten
- Salz, Pfeffer
- Öl
- 1 Packung Fetakäse

HEUTE KOCHT DER OFEN FÜR DICH!

1. Nimm dir die 4 Kartoffeln und wasche sie gründlich ab.
2. Jetzt schneidest du deine Kartoffeln in 2 Hälfen und diese dann auch nochmal.
3. Rein in deine Auflaufform
4. Beide Parika in Würfel oder Streifen schneiden, so wie du Bock hast und auch in die Form.
5. Die Cherrytomaten kannst du ganz lassen oder auch einmal durchschneiden.
6. Alles mit Salz & Pfeffer würzen. Ich mache immer 1/2 TL Salz + 1/2 TL Pfeffer
7. Nach Augenmaß Öl drüber, ich zähle immer bis 3.
8. Den Fetakäse kleinschneiden und oben drüber geben. Wenn du keinen Fetakäse magst, kannst auch Streukäse nehmen.
9. Einmal alles schön durchmischen und dann ab in den Ofen. 180Grad Ober-Unterhitze für 45min
10. FERTIG! Mega Lecker.

Fertig in 10min   Für Dich

DEIN EINKAUFSZETTEL

- 2 Scheiben Brot (Weißbrot z.B.)
- 1 Ei
- 1 Avocado
- etwas Frischkäse
- 1 Tomate
- Salz & Pfeffer
- einen Spritzer Zitronensaft

HEUTE WIRD ES BUNT

1. Schneide dir das Weißbrot wie auf meinem Bild oder nehme 2 Stullen.
2. Naufns chndeieid enA.v Eoicnamdoa l längs die Hälfte. Achtung in der Mitte ist ein großer Kern.
3. Mit einem Esslöffel kannst du das Fruchtfleisch gut rausholen. Eine Hälfte schneidest du in Stücke, die andere Hälfte matscht du mit der Gabel und würzt sie und einem Spritzer Zitronensaft.
4. Ein Ei in der Pfanne braten
5. Stulle mit Frischkäse bestreichen, danach alles schön anrichten und schmecken lassen.

BL TTERTEIG PIZZA SCHNECKEN

Im O en 20min

Fertig in 30min

Für 2 -3 Leckermäule

DAS KOMMT IN DEINEN EINKAUFSWAGEN

- 1 Rolle Blätterteig
- 1 Packung Kräuterfrischkäse
- 1 Packung Kochschinken
- 1 Packung Streukäse
- Petersilie für die Deko
- Röstzwiebeln

MEIN TIPP:
Du kannst es auch mit Salami oder Ananas ver einern. Hier kannst du dich austoben und schauen was der Kühlschrank hergibt. Auch lecker mit Mais und Paprika.

LASST UNS STARTEN!

1. Rolle den Blätterteig aus.
2. Den Kräuterfrischkäse verteilst du jetzt komplett auf dem Blätterteig.
3. Jetzt den Kochschinken oben drauf legen.
4. Ein paar Röstzwiebeln kommen auch noch drauf.
5. Jetzt das Beste, der Käse.
6. Achtung! Jetzt von der langen Seite aus einrollen das eine lange Wurst entsteht.
7. Nimm dir ein scharfes Messer und schneide so nach Gefühl die Rolle in 3cm dicke Stücke und lege sie flach auf ein Blech mit Backpapier.
8. Ab in den Ofen bei 180Grad Ober/Unterhitze auf der mittleren Schiene. 17-20min backen.
9. Schau ab und an mal das sie nicht zu dunkel werden.
10. Mit Petersielie dekorieren und schmecken lassen.

WAS DU ALLES BEN TIGST

- 1 Packung fertige Wraps
- 1 Dose Chili con Carne
- 1 Gurke
- 1 Packung Streukäse

CHILI CON CARNE WRAP

Deine kostbare Zeit 10min

Fertig in 15min

Kommt drau a ob du teilen magst

WIR STARTEN DANN MAL

1. Nimm dir die Dose Chili con Carne und koche sie in einem Topf.
2. Währenddessen nimmst du dir die Wraps und packst sie für 30sec auf einem Teller in die Mikrowelle.
3. Nun, nimm den ersten Wrap und mache etwas von dem Chili con Carne auf den Wrap. So wie einen Streifen.
4. Schneide deine Gurke in kleine Stücke und verteile sie auf deinem Wrap.
5. Jetzt noch den Streukäse obendrauf
6. Das ganze einrollen und tada, fertig!
7. Einfach wiederholen. Je nachdem wie viele Leute du satt bekommen möchtest.

Wenn du richtig gut bist kannst du dein Chili con Carne auch alleine machen.

Einfach scannen
Spotify
MEINE PERFEKTE
KOCHCHAOS PLAYLIST AUF
SPOTIFY

F NF MINUTEN BROT

Im O en 60min   Fertig in 1 Stunde   Für alle

ZUTATEN

- 500g Dinkel Vollkornmehl
- 500g Wasser
- 2 TL Salz
- 1 Würfel Hefe
- 20g Essig (Tafelessig)
- 160g gemischte Körner

BESSER ALS JEDER B CKER

1. Es geht alles so einfach. Du musst nur alle Zutaten mit einem Mixer verkneten
2. Den Teig in eine gefettete Kastenform (30cm) geben und mit ein paar Körnern bestreuen.
3. In den NICHT VORGEHEIZTEN Backofen bei 200Grad Ober/Unterhitze für ca. 60min backen.
4. Das Brot aus der Form nehmen und auf einem Kuchengitter auskühlen lassen.
5. Nach Herzenslust belegen und genießen.

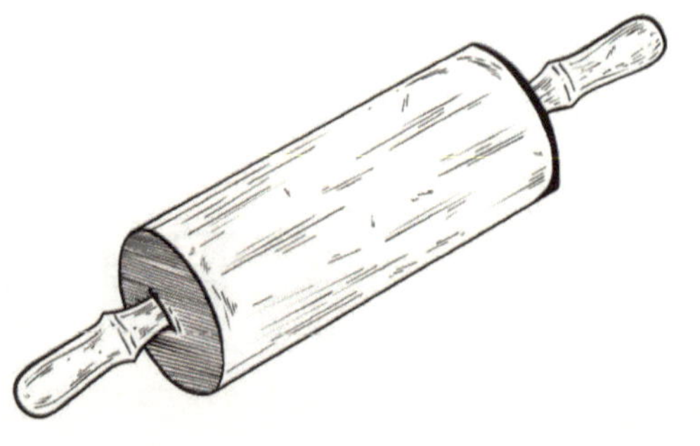

CREPES MIT NUTELLA

Arbeitszeit 25min

Fertig in 30min

Vielleicht magst du ja teilen

SCHAUEN WIR MAL WAS WIR BRAUCHEN

- 250g Mehl
- 500ml Milch
- 1 EL Vanillezucker
- 4 Eier
- 50g Butter
- 1 Prise Salz

SO GELINGT ES DIR GARANTIERT

1. Mehl, Mich,Salz, Vanillezucker und Eier verrühren.
2. Butter in der Mikrowelle schmelzen und dann auch dazugeben.
3. Jetzt gibst du etwas von dem Pamps in eine vorgeheizte Pfanne. Der Boden muss nur bedeckt sein.
4. Von jeder Seite 2-3min bei mittlerer Hitze auf jeder Seite "braten".
5. Je nach Wunsch kannst du den Crêpes jetzt belegen. Ich habe mich für Nutella entschieden, denn das haben wir immer zu Hause.
6. Es geht auch herzhaft! Dann einfach mit Schinken oder Salami und Käse belegen. Auch geil.
7. Du kannst die Crêpes auch einrollen, dann sieht es leckerer aus.

Viel Spaß ihr Zuckerschnuten!

PIZZA TOAST MUFFINS

Im O en 20min

Fertig in 30min

Kommt au deinen Hunger an.

FAHR DEN EINKAUFSWAGEN VOR.

- 12 Scheiben Toast
- 1 Tomate
- 4 Scheiben Salami
- 4 Eier
- 100g Streukäse
- 100ml Sahne
- Salz & Pfeffer
- getrocknette Petersilie / Schnittlauch

COOKING PROCESS

1. Schneid mal den Rand vom Toast ab und mache dann das Toast mit ner Rolle schön platt.
2. Ein Muffinblech einfetten und das Toast hineingeben.
3. Tomate in kleine Stücke schneiden
4. Salami klein schneiden und mit der Sahne und den Eiern verrühren. Mit Salz und Pfeffer würzen. Dazu einen Teil vom Käse geben.
5. Den ganzen Pamps in die Toastförmchen geben und mit dem restlichen Käse verzieren.
6. Die Muffinform bei 180Grad Ober/Unterhitze in den vorgeheizten Backofen auf mittlerer Schiene ca 20min backen.
7. Zum Schluss mit Petersilie / Schnittlauch garnieren.

Kann man auch gut zu Partys mitbringen, oder am Wochende die Eltern zum Frühstück überraschen. Aber dann vergesst nicht den Kaffee.

FLAMMKUCHEN BAGUETTE

Im O en 12-15min

Fertig in 20min

Du musst nicht immer teilen

GANZ SCHNELL BESORGEN

- 2 Baguettes
- 1 EL Röstzwiebeln
- 150g Schinkenwürfel
- Streukäse
- 1 Becher saure Sahne
- 2 TL getrocknete Kräuter
- ½ TL Knoblauchsalz
- Salz & Pfeffer

FANG AN!

1. Die 2 Baguettes halbieren
2. Alle anderen Zutaten einfach zusammen rühren und mit Salz & Pfeffer abschmecken.
3. Jetzt drückst du die Baguettes in der Mitte etwas ein .
4. Deine fertige Mischung schön auf dem Baguette verteilen.
5. Ab in den Ofen mit deinen Kunstwerken.
6. 180 Grad Ober/Unterhitze für ca 12-15min

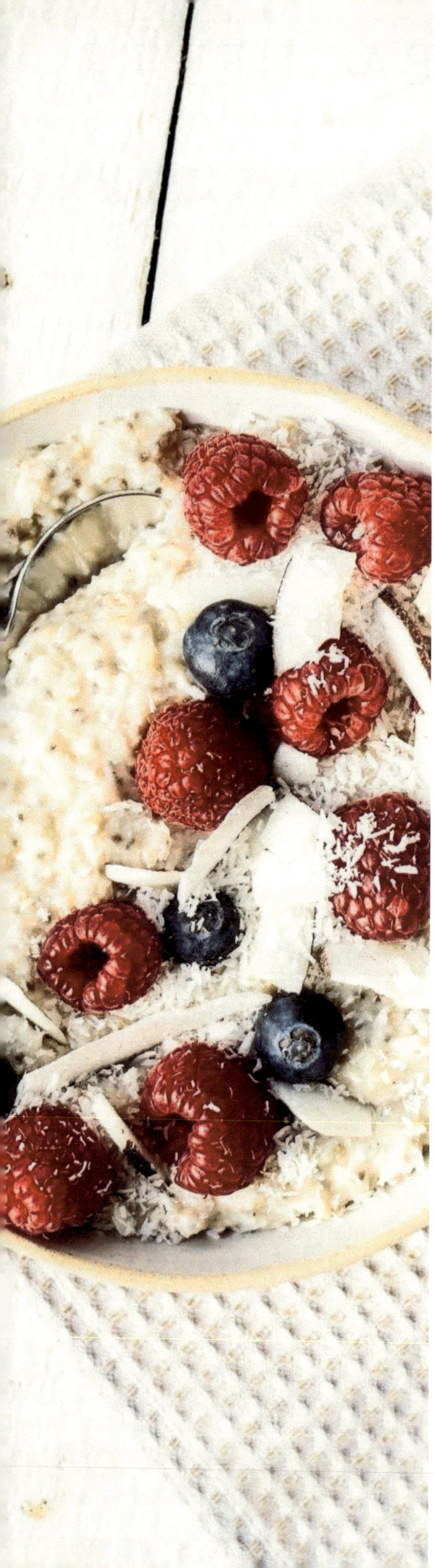

Fertig in 10min

Scha st du in 5min

Alleine ür dich

PORRIDGE

HAST DU SICHER ALLES ZU HAUSE

- Milch
- etwas Zimt & Zucker & 1 Prise Salz
- 200g blütenzarte Haferflocken
- getrocknete Kokusnussraspeln, Müsli
- Obst nach Wahl als Topping

WOLLEN WIR ES PROBIEREN?

1.Gib die Milch in einen kleinen Topf

2.Füge deine Haferflocken hinzu, rühre um

und bringe das ganze zum kochen.

3.Außerdem fügst du eine Prise Salz hinzu, welche die Aromen der anderen Zutaten unterstreicht.

4.Lass deinen Haferbrei für 1-2min schwach köcheln, stelle dann die Herdplatte aus und lass es für 3-4min ziehen. Immer wieder gut umrühren.

5.Jetzt mit dem Topping deiner Wahl

dekorieren. FERTIG!

BL TTERTEIG - PUDDINGTASCHEN

Im O en 15-17min

Fertig in 20min

Für alle die es süß mögen

ZUTATEN

- 1 Rolle Blätterteig
- 300ml Milch
- 1 Eigelb
- 1 Packung Paradies Creme weiße Schokolade
- 100g kalte Schlagsahne
- Früchte Topping nach Wahl

Tipps:

Verwende einfach saisonales Obst als Topping. Ich liebe es mit Erdbeeren oder Himbeeren. Auch Blaubeeren sehen cool aus.

STARTEN WIR EINFACH MAL

1. Den Blätterteig ausrollen und in 8 Rechtecke schneiden mit dem Pizzaschneider.

2. 2 EL Milch mit dem Eigelb verquirlen und den Blätterteig bestreichen. Ab in den Ofen für 15min.

3. In der Zeit machst du die Creme. 250ml Milch, Sahne und das Pulver mit dem Mixer steif aufschlagen.

4. Den abgekühlten Blätterteig wie ein Brötchen aufschneiden. Creme und Früchte drauf verteilen. Deckel wieder drauf.

HOT DOG

Fertig in 13min

Du benötigst
10min deiner Zeit

Für Dich und
deine Freunde

GEH EINKAUFEN

- 6 Hot Dog Brötchen
- 6 Würstchen
- Sandwich Gurken aus dem Glas
- Röstzwiebeln
- Hot Dog Sauce
- Ketchup

PACKEN WIR ES AN

1. Mein absoluter Geheimtrick kommt jetzt. Setze den Wasserkocher auf!
2. Kipp das Wasser in eine Schüssel und lege die Würstchen da rein.
3. Jetzt schneidest du deine Hot Dog Brötchen zur Hälfte ein.
4. Ganz unten kommt etwas Ketchup und Hot Dog Sauce rein.
5. Nun ein Würstchen
6. Wieder etwas von den Saucen
7. Sandwichgurken aus dem Glas , soviel wie du magst
8. Zum Abschluss richtig viele Röstzwiebeln.
9. Jetzt nur noch reinbeißen und entscheiden ob du teilen magst.

MEIN
Überraschungsgericht

SILVESTERSUPPE

15min
deiner Zeit

Fertig in 60min

Für die
ganze Familie

SCHNELL MAL EINKAUFEN

- 1 kg Hackfleisch
- 1 Lauchzwiebeln
- 4 Kräuterschmelzkäse
- 2 Knorr Käse-Lauch-Suppe
- 1 Liter Wasser
- Salz & Pfeffer

SCHNELL GEZAUBERT

1.Nimm das Hackfleisch und brate es in einem großen Topf mit etwas Butter oder Öl an. 2.Noch ein paar Stücke von den

   Lauchzwiebeln dazu.

3.Jetzt kippst du alles mit Wasser auf und gibst das Knorr Pulver hinzu.

4.4 Packungen Schmelzkäse machen es besonders cremig.

5.Wmeanchne n dmuö chetes st, dküipnpn ee etwas Wasser dazu.

Bei mir darf diese Suppe zu Silvester nicht fehlen. Ach naja, und ab und an gibt es die auch unter dem Jahr.

THERMOMIX
Meine Top 5

BROKKOLI SALAT

Wie cool ist das denn....hier kommt alles in den Mixtop ....einmal bis 10 gezählt und ertig ist ein wirklich gutaussehender Salat.

MILCHREIS

Hier brennt nichts an und er schmeckt wie bei Oma. Du schüttest alles zusammen, kannst entspannt die Schulmappe auspacken und zack ist er ertig. Ein ach mit Ap elmus und Zimt & Zucker.

LASAGNE

Klar kannst du auch zum Kühlregal gehen und ertige Lasagne kau en. Aber mit dem Thermomix macht es Spaß sowas auch mal selbst zu machen. Probiere es aus!

AMERIKANISCHE PANCAKES

Hier kann ich dir sagen, mach gleich die doppelte Menge. Du wirst sie lieben. Und deine Geschwister oder Freunde auch.

RUSSISCHER ZUPFKUCHEN VOM BLECH

Aus unserer Bäckerei hole ich immer richtig leckerem Kuchen, aber diesen machen sie nicht. Daher ist es meine Au gabe. Ich liebe ihn. Und auch mein großer Bruder Flo.

JETZT KOMMEN DEINE
KREATIVEN SEITEN
Trau dich!

WAS WOLLEN WIR HEUTE KOCHEN?

	FR HST CK	MITTAG	ABEND	SNACKS
THU				

WAS WOLLEN WIR HEUTE KOCHEN?

	FR HST CK	MITTAG	ABEND	SNACKS
THU				

EINKAUFSLISTE

DEIN HEUTIGES GERICHT

DEIN HEUTIGES GERICHT

DAS LASS DIR MITBRINGEN

DAS LASS DIR MITBRINGEN

KÜCHENUTENSILIEN

GEWÜRZE DIE DU BRAUCHST

EINKAUFSLISTE

DEINE EIGENEN REZEPTE

DEINE EIGENEN REZEPTE

DEINE EIGENEN REZEPTE

Das bin ich

DEINE EIGENEN REZEPTE

DEINE EIGENEN REZEPTE

DEINE EIGENEN REZEPTE

DEINE EIGENEN REZEPTE

EINE SEITE F R DEINE GEDANKEN

WAS MACHT DICH GL CKLICH?

In der Pubertät ist es wichtig, sich bewusst zu machen, was einen wirklich glücklich macht. Oftmals meinen es unsere Eltern nicht böse, wenn sie uns Ratschläge geben oder versuchen, uns zu schützen. Sie wollen nur das Beste für uns. Doch inmitten all der Meinungen und gut gemeinten Ratschläge vergessen wir manchmal, auf unsere eigenen Wünsche und Träume zu hören.

Es ist okay, Ratschläge anzunehmen und von den Erfahrungen anderer zu lernen. Aber vergiss dabei nicht, dass du dein eigenes Leben lebst und deine eigenen Entscheidungen treffen musst. Nimm dir Zeit, um darüber nachzudenken, was dich wirklich glücklich macht und was du im Leben erreichen möchtest.

Vielleicht möchtest du eine Leidenschaft entdecken oder ein Talent weiterentwickeln. Vielleicht möchtest du neue Freundschaften knüpfen oder dich für eine gute Sache engagieren. Egal was es ist, erlaube dir selbst, deine eigenen Ziele zu setzen und deinen eigenen Weg zu gehen.

Denke daran, dass das Leben ein Abenteuer ist und du der Regisseur deiner eigenen Geschichte bist. Lass die Ratschläge deiner Eltern zu und sei dankbar für ihre Fürsorge, aber vertraue auch auf dein eigenes Bauchgefühl. Du hast die Fähigkeit, deine Träume zu verwirklichen und ein erfülltes Leben zu führen.

Also nimm dir Zeit für dich selbst, um herauszufinden, was dich wirklich glücklich macht. Höre auf deine innere Stimme und folge deinem Herzen. Denn am Ende des Tages ist es dein Glück, das zählt.

ANGEKOMMEN AUF MEINER LETZTEN SEITE

Hey Leute, wir haben es geschafft! Das Ende meines ersten Pubertier Kochbuchs ist erreicht. Ich hoffe, ihr habt euch beim Lesen und Ausprobieren der Rezepte genauso köstlich amüsiert wie ich beim Schreiben. Jetzt seid ihr bestens gerüstet, um eure Eltern mit euren kulinarischen Fähigkeiten zu beeindrucken. Zeigt ihnen, dass wir Pubertiere nicht nur Meister im Augenverdrehen sind, sondern auch wahre Küchenrebellen!

Und wenn euch mal wieder jemand sagt, dass ihr nur faul rumhängt oder ständig am Handy klebt, dann könnt ihr mit Stolz auf euer Kochbuch zeigen und sagen: "Hey, ich bin nicht nur ein rebellisches Pubertier, sondern auch ein echter Food-Revolutionär!"
Also lasst uns weiterhin zusammenhalten, kochen und das Leben in vollen Zügen genießen. Denn eins ist sicher: Mit einem vollen Bauch können wir die Welt erobern - oder zumindest unsere Geschmacksknospen!

DANKESCHÖN

OHNE MEINE BEIDEN BRÜDER WÄRE MEIN BUCH NICHT ENTSTANDEN

Moritz. Lilly. Florian.